Lesezug – 3. Klasse

Liebe Mütter, liebe Väter, liebe Omas,
liebe Opas, liebe Tanten, liebe Onkel,
liebe Lehrerinnen und Lehrer!

Kinder, die am Ende des klassischen Erstleseprozesses stehen, wollen Bücher lesen, die sich in Format und Umfang von den Erstlesebüchern unterscheiden. Oftmals sind diese Bücher dann für Kinder mit einer geringeren Lesekompetenz überfordernd – und aus Leselust entsteht rasch Lesefrust. Kinder, die schon gut lesen können, wollen immer mehr und schneller lesen.

Die Bücher der 3. Klasse bieten den Kindern die optimale Plattform, das Lesen in lustvoller Weise zu trainieren.
Die Geschichten sind mit viel Einfühlungsvermögen und auch Witz in einer altersgemäßen Sprache geschrieben. Durch die liebevoll gestalteten Illustrationen werden Kinder zusätzlich zum Weiterlesen motiviert.

Viel Freude mit tollen Leseerlebnissen!

Ihr G&G Verlag

Lesepädagogisches
Lektorat

Saskia Hula

Tausche Baby gegen Hund

Mit Illustrationen von
Sabine Kranz

Der G&G-Lesezug™

www.ggverlag.at

ISBN 978-3-7074-1297-0

In der aktuell gültigen Rechtschreibung

2. Auflage 2011

Illustration: Sabine Kranz
Printed by Tipolitografia Alcione, Lavis-Trento, über Agentur Dalvit, D-85521 Ottobrunn

Inhalt

Nur keine Schwester!

Große Schwestern haben genau drei Vorteile.
Erstens: Sie finden einen süß. Jedenfalls, solange man sehr klein ist.

Zweitens: Sie nehmen einen mit. In den Park. Ins Kino. In den Hof. Und wo man halt sonst allein nicht hinkommt.
Und drittens: Sie bezahlen dafür, dass sie einen nicht mitnehmen müssen.

Dass man nicht sagt, wer sonst noch mit war. Dass man wegschaut. Und weg hört. Oder sich überhaupt am besten in Luft auflöst. Das ist auch nicht so schlecht.
Genau so ist Tobi zu seinem neuen Modellhubschrauber gekommen.

Kleine Schwestern hingegen haben überhaupt keinen Vorteil. Jedenfalls kennt Tobi keinen, obwohl er viele kleine Schwestern kennt, und zwar in jedem Alter.
Simons kleine Schwester ist gerade erst auf die Welt gekommen. Sie kann noch gar nichts und brüllt daher den ganzen Tag.
Emils kleine Schwester ist ein Jahr alt.
Sie zerstört jede Legoburg, die er baut, innerhalb von wenigen Sekunden.
Laurins kleine Schwester ist zwei, zerreißt seine Schulhefte, beißt in sein Fußballalbum und verteilt ihre Schokolade auf seinen Schulheften. Simons andere kleine Schwester ist drei und brüllt ebenfalls den ganzen Tag. Weil sie nämlich gerade

im Trotzalter ist.
Angeblich. Jakobs kleine Schwestern sind vier und fünf und petzen, wann immer sie nur können. Auch wenn es gar nichts zu petzen gibt. Und Leos kleine Schwester ist sechs und eine richtige Tussi. Ständig kichert sie mit ihren Freundinnen. Wahrscheinlich über Leo und seine Freunde. Vielleicht sogar über Tobi. Die hat doch echt einen Knall!

Ja, auf eine kleine Schwester kann Tobi wirklich gut verzichten. Da sind kleine Brüder schon besser! Sie bewundern einen. Sie hören zu, wenn man ihnen etwas erklärt. Sie borgen ihre Legosteine her, wenn man sie braucht. Sie holen den verschossenen Fußball aus der Dornenhecke. Und sie sind auch noch dankbar dafür, dass sie ihn holen dürfen!
Deswegen ist für Tobi eines ganz klar: Wenn schon ein Baby, dann ein kleiner Bruder!
Am „wenn schon“ gibt es allerdings nichts mehr zu rütteln. Da muss man sich nur Mamas riesigen Bauch einmal anschauen.

Lieber einen Hund ...

„Ich freue mich schon so auf das Baby!“, sagt Tina, Tobis große Schwester.
„Hoffentlich wird es ein Mädchen!
Ich hätte so gern eine kleine Schwester!“
Sie verdreht die Augen und macht ein ganz verzücktes Gesicht.
„Ich möchte lieber einen kleinen Bruder“, sagt Tobi. „Aber am allerliebsten hätte ich einen kleinen Hund. Oder einen großen. Oder einen kleinen und einen großen.“

„Es wird ein Mädchen“, sagt die Mama.
„Das haben wir gerade erfahren.“
„Und wir freuen uns schon sehr darauf“, sagt der Papa.
„Jippie!“, ruft Tina und macht einen Luftsprung.
Tobi schaut finster. Das auch noch!
Er findet ja die ganze Sache mit dem Baby nicht so großartig.
Und jetzt auch noch ein Mädchen?
Was soll er mit einem Mädchen anfangen?
Haben sie sich das einmal überlegt?
„Ich bekomme 5 € von dir“, sagt Tina und hält die Hand auf. „Hab ich es doch gewusst, dass es ein Mädchen wird!“

Na toll. Tobi ist sauer. Warum musste er auch unbedingt wetten? Jetzt muss er sogar noch dafür bezahlen, dass er eine kleine, unmögliche Schwester bekommt! Wenn es nach Tobi gegangen wäre, hätten sie überhaupt kein Baby bekommen. Schließlich war alles ohne Baby ganz wunderbar: Papa, Mama, Bruder, Schwester. Eine richtig gute Familie. Das Einzige, was bisher gefehlt hat, ist ein Hund. Aber ein Hund ist jetzt natürlich nicht mehr drin.

„Warten wir einmal ab, bis das Baby da ist“, sagt der Papa und seufzt. „Das wird sowieso eine große Umstellung für uns alle.“

Na bitte. Ein Hund wäre lange nicht so eine Umstellung gewesen. Ein Hund ist innerhalb von drei Tagen stuben-rein. Der brüllt nicht und petzt nicht und weckt in der Nacht nicht alle auf. Und wenn er mal eine Legoburg zerstört, ist das auch nicht so schlimm. Weil man nämlich sowieso lieber mit dem Hund spielt als mit Lego. Aber was Tobi von der ganzen Sache hält, das interessiert ja keinen.

Wohin mit dem Baby?

„Wir müssen jetzt einmal über die Zimmer reden“, sagt die Mama. „Am Anfang nehmen wir das Baby natürlich zu uns. Aber was machen wir später?“

Sie schaut Tobi und Tina mit einem großen Fragezeichen im Gesicht an.

Aha. Jetzt braucht das Baby also auch noch ein eigenes Zimmer! Und das, wo es nur zwei Kinderzimmer gibt: das von Tina und das von Tobi. „Am besten, wir ziehen in eine neue Wohnung“, sagt Tobi. „Oder gleich in ein Haus mit Garten. Dort hätte es der Hund auch viel besser.“

„Welcher Hund?“, fragt die Mama entsetzt.

„Das wäre wirklich schön“, sagt der Papa. „Aber leider können wir uns das im Moment nicht leisten. Vielleicht später einmal.“

Na klar. Immer heißt es vielleicht später, wenn Tobi sich etwas sehr wünscht.

„Wir haben uns gedacht, ihr zwei könntet euch vielleicht das größere Zimmer teilen“, sagt die Mama.

„Nie im Leben!“, schreit Tina, bevor Tobi auch nur den Mund aufmachen kann.

„Vorher erschieße ich mich“, sagt Tobi und hält sich den Finger an die Stirn.

Die Mama schaut böse. Sie kann es nicht leiden, wenn man so tut, als würde man schießen. Egal, auf wen.

„Das könnt ihr von uns nicht verlangen!“, ruft Tina. „Ich kann unmöglich mit Tobi in einem Zimmer schlafen!“
„Das könnt ihr nicht“, sagt auch Tobi. „Nie im Leben.“
Aber im Geheimen findet er es gemein, dass Tina sich so aufregt. Früher haben sie schließlich auch in einem Zimmer geschlafen. Und das war ziemlich lustig. Manchmal jedenfalls. Was soll daran also so unmöglich sein?
„Nun ja“, sagt der Papa, „wenn ihr euch kein Zimmer teilen wollt, muss aber einer von euch das Baby zu sich nehmen.“
„Ich sicher nicht“, sagt Tobi. „Ich bin doch nicht blöd.“

„Ich nehme es zu mir!“, sagt Tina und verdreht schon wieder verzückt die Augen. „Das wird sicher total süß! Und außerdem haben die Mädchen dann ein Zimmer zusammen, so wie es gehört.“
„Bist du sicher?“, fragt die Mama.
„Bist du sicher?“, fragt der Papa.
Tina nickt. „Ich freue mich schon!“, sagt sie.

Tobi zuckt mit den Schultern. Sollen die Mädchen doch zusammen ein Zimmer haben. Irgendwann bekommt er einen Hund. Und der schläft dann in seinem Zimmer.

Tobi ist gemein

Die Mama hat ständig zu tun. Und natürlich immer nur mit diesem Babykram. Sie holt das Gitterbett aus dem Keller und streicht es neu. Sie wäscht die alten Strampler und bügelt sie. Sie strickt rosa Babyjäckchen und rosa Mützchen. Sie hängt ein Mobile mit Fischen im Schlafzimmer auf. Sie kauft Fläschchen und Schnuller und Windeln. Und einen riesigen, rosaroten Kinderwagen.
„Der alte war wirklich nicht mehr schön“, sagt sie.

Na toll. Aber für einen Hund ist nie genug Geld da!

„Wir brauchen einen Namen“, sagt die Mama. „Was würde euch denn gefallen für unser kleines Mädchen?“
„Irgendetwas mit T am Anfang“, sagt Tina. „So wie bei Tobi und mir.“
Tobi nickt. T am Anfang findet er auch gut.
„Vielleicht Teresa?“, fragt die Mama.
„Zu lang“, sagt Tobi.
„Oder Tabea?“

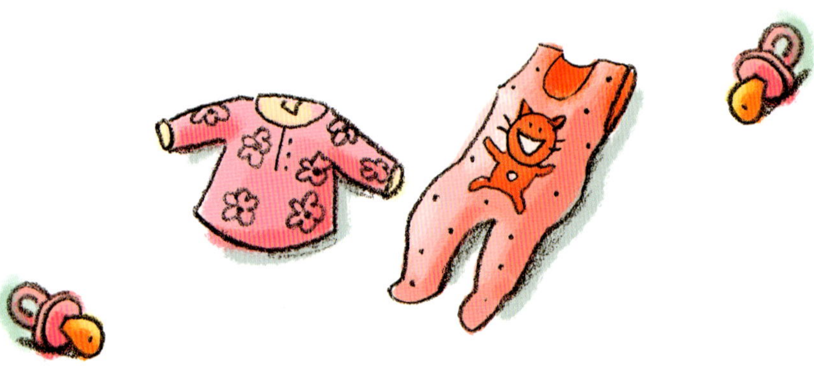

„Zu ausgefallen“, sagt Tina.
„Tamara?“
„Zu viele A“, sagt der Papa.
Die Mama schaut sie ratlos an.
„Fällt euch vielleicht etwas ein?“, fragt sie.
„Thekla“, sagt Tobi. „So wie die Spinne bei der Biene Maja.“

Tina rempelt ihn an.
„Sei nicht so gemein“, sagt sie. „Das Baby hat dir doch nichts getan!“
Aber genau das hat es eben doch, findet Tobi.

Denn im Grunde genommen dreht sich alles nur noch um das Baby. Wo es schlafen soll. Was es anziehen soll. Wie es heißen soll. Als hätten andere nicht auch Probleme! Und als würden sich andere nicht auch etwas wünschen! Einen Hund zum Beispiel. Das interessiert echt überhaupt keinen.

„Wie wäre es mit Tanja?“, schlägt Tina vor.

„Tina, Tobi und Tanja“, sagt die Mama und gleich noch einmal: „Tina, Tobi und Tanja.“ So, als müsste sie erst mal hören, wie das klingt.

„Tanja ist schön“, sagt der Papa und nickt. „Das gefällt mir.“

„In Ordnung", sagt die Mama und nickt auch. „Dann bleiben wir doch dabei."
Tobi nickt nicht. Ihm gefällt Tanja überhaupt nicht.
Der Name gefällt ihm nicht, und alle drei Namen zusammen gefallen ihm auch nicht. Außerdem hätten sie nicht gerade den Namen nehmen müssen, den Tina ausgesucht hat.

„Ist mir doch egal, wie das Baby heißt", sagt er. „Aber wenn ich endlich mal einen Hund bekomme, dann heißt der Einstein. Ohne T am Anfang.
Damit ihr es nur wisst."

Was für ein Bauch!

Mamas Bauch wird immer dicker. Man könnte richtig Angst bekommen, dass er eines Tages platzt. Wie ein riesiger Luftballon, den man zu sehr aufbläst. Das wäre vielleicht etwas! Da würden die Leute auf der Straße schauen. Aber in Wirklichkeit schauen sie auch jetzt schon. Wahrscheinlich haben sie noch nie eine so dicke Mama gesehen.

Tobi hat die dünne Mama auch viel besser gefallen. Die dünne Mama konnte laufen und klettern und Federball spielen und Trampolin springen. Sie konnte Rad fahren und eislaufen und vom Dreimeterbrett hüpfen. Die dünne Mama

konnte sogar ein Rad schlagen. Ein bisschen schief, aber immerhin.
Die dicke Mama kann fast gar nichts mehr. Sie kann nur mehr ganz langsam gehen. Sie kann sich kaum noch bücken. Sie ächzt und stöhnt und braucht jemanden, der ihr die Schuhe zubindet.
Die meiste Zeit sitzt sie auf dem Sofa und strickt. Es ist wirklich ein Jammer mit der dicken Mama.

„Wir könnten ein Buch lesen", sagt die Mama zu Tobi. „Hast du Lust?"
Sie klopft auf das Sofa, damit sich Tobi zu ihr setzt. Aber Tobi schüttelt den Kopf. Er hat überhaupt keine Lust. Das letzte Mal, als sie ein Buch gelesen haben, hat die Mama das Buch dauernd zur Seite gelegt, weil das Baby sie so stark getreten hat. Von innen. Man konnte richtig sehen, wo das Baby gerade war. Der ganze Bauch hat hin und her gewackelt. Und immer wieder hat er irgendwo eine komische Delle bekommen. „Das ist der Fuß", hat die Mama gesagt. „Fühl doch mal!"
Aber Tobi wollte nicht fühlen. Er findet Mamas Bauch unheimlich.

Unheimlich groß. Unheimlich dick. Und unheimlich unheimlich. Tobi war die dünne Mama viel lieber.
„Dann spielen wir ein Ratespiel“, sagt die Mama. „Ich denke mir eine Person aus, und du musst sie erraten.“
Tobi schüttelt den Kopf. Sicher denkt sie sich das Baby aus. Schließlich geht es sowieso den ganzen Tag um das Baby. Da muss er es nicht auch noch erraten!
„Magst du dir mit mir eine CD anhören?“, fragt die Mama. „Gullivers Reisen? Oder das Dschungelbuch?“
„Ich mag gar nichts“, sagt Tobi und geht in sein Zimmer. Dieses Baby verdirbt ihm echt die Laune.

Ist sie nicht süß?

Dann ist es endlich so weit. Das Baby kommt!

Die Mama seufzt und stöhnt und ächzt und umarmt Tina und Tobi.

„Ich bin bald wieder da!“, sagt sie. „Seid schön brav!“

Der Papa bringt die Mama ins Krankenhaus. Tobi und Tina bleiben bei Tante Gabi. Niemand weiß, wie lange. Vielleicht bis morgen. Vielleicht auch bis übermorgen. Kommt ganz darauf an, wie lange dieses Baby braucht.

Aber immerhin: Tante Gabi ist wirklich nett. Und das Beste an ihr ist: Sie hat einen Hund!

Einen richtigen, lebendigen, kleinen, weißen, wuscheligen Hund namens Pips. Und der ist besonders nett. Genau so einen Hund hätte Tobi gern. Aber ihn fragt ja keiner.

Zuerst bekommen Tina und Tobi von Tante Gabi ein riesengroßes Frühstück. Mit weichen Eiern und Pfirsichen und Nutella und Joghurt. Pips darf mitessen. Er ist nicht besonders gut erzogen.

Dann spielen sie mit Tante Gabi Memory, und Pips schaut ihnen zu. Danach laufen sie mit Pips durch die Wohnung, immer im Kreis, bis Tante Gabi sie fragt, ob sie nicht vielleicht doch ein bisschen fernsehen wollen. Deswegen schauen sie sich dann „Wickie und die starken Männer“ an. Jedenfalls wollen sie das. Denn kaum hat Wickie angefangen, da läutet auch schon das Telefon, und das Baby ist dran!

Nein, natürlich nicht das Baby selbst! Aber der Papa, der sagt, dass das Baby schon da ist. Es ist ganz schnell gegangen und ganz leicht. Alle sind gesund und froh. Und es ist wirklich ein Mädchen! Ein eigensinniges, störrisches Mädchen vermutlich. Was soll man da machen? Gar nichts, beschließt Tobi. Am besten, man schaut sich erst einmal Wickie in Ruhe zu Ende an.

Am Abend besuchen Tobi und Tina das Baby. Mit Tante Gabi, die schon ganz aufgeregt ist. Wahrscheinlich hätte sie auch gern ein Baby. Sie weiß ja nicht, wie schrecklich das ist. Und wie froh sie sein

kann, dass sie stattdessen einen kleinen, lieben Hund hat!
Das Baby heißt jetzt wirklich Tanja. Es hat einen gelben Strampelanzug an, der ihm viel zu groß ist. Sein Gesicht ist zerknittert und hat rote, hässliche Flecken. Haare hat es auch noch keine. Und keine Zähne! Nein, es ist wirklich kein schönes Baby, da kann man sagen, was man will. Aber der Mama macht das anscheinend nichts aus. Gott sein Dank.
„Da seid ihr ja!“, sagt die Mama. Sie drückt Tina und Tobi an sich.
„Na, was sagt ihr zu eurer kleinen Schwester?“, fragt sie. „Ist sie nicht süß?“
„Wahnsinnig süß“, sagt Tina und streicht

dem Baby mit einem Finger über den Kopf.
„Geht so“, sagt Tobi.
Schließlich kann man sie sowieso nicht umtauschen. Also hat es auch keinen Sinn, sich aufzuregen.

Der Papa muss her

Ein paar Tage später kommen die Mama und das Baby nach Hause.
Das Gesicht des Babys ist nicht mehr ganz so zerknittert. Und die roten Flecken sind auch nicht mehr da. Aber sonst hat sich nicht viel verändert. Außer dass das Baby jetzt auf einmal viel lauter schreien kann. Und genau das tut es auch den ganzen Tag.
Wenn die Mama kochen muss, legt sie das Baby in sein rosarotes Gitterbett.
Hier soll es liegen bleiben, das findet auch Tobi. Hier stört es keinen.
Aber das Baby will nicht.
Zuerst macht es nur leise: „Äh."

Es verzieht das Gesicht und strampelt mit den Beinen. Dann macht es wieder: „Äh." Und noch einmal: „Äh." Und dann beginnt es zu schreien. Es schreit und schreit und wird ganz rot im Gesicht.

„Oje, oje, oje", sagt die Mama und nimmt das Baby schnell aus dem Gitterbett heraus. „Was hat denn unsere Kleine?" Sie trägt das Baby durch die Wohnung. Sie tätschelt seinen Po. Sie singt dem Baby Lieder vor. Dann legt sie das Baby wieder ins Gitterbett. Aber kaum ist sie in der Küche, schreit das Baby schon wieder.

Die Mama läuft zwischen Küche und Schlafzimmer hin und her. Baby aus dem Gitterbett nehmen, herumtragen, Po tätscheln, singen, Baby ins Gitterbett legen, in die Küche gehen.
Und schon wieder schreit das Baby!
Die Mama ist schon ganz aufgelöst.
„Ich weiß wirklich nicht, wie ich da kochen

soll“, sagt sie zu Tina und Tobi. „Ihr beide habt nie so viel geschrien! Ihr seid immer brav in eurem Gitterbett gelegen!“
Sie schaut das Baby vorwurfsvoll an.
Das Baby verzieht den Mund.

„Vielleicht kann ich sie ja herumtragen“, sagt Tina.
„Wenigstens solange du kochst!“
Also legt die Mama das Baby in Tinas Arme, und Tina trägt das Baby durch die Wohnung. Sie tätschelt seinen Po und singt Lieder.
Genau wie die Mama.

Das Baby ist still und hört zu. Eine Minute lang. Zwei Minuten lang. Drei Minuten lang. Dann macht es: „Äh." Und noch einmal: „Äh." Es strampelt mit den Beinen. „Äh." Es rümpft die Nase. „Äh."

Und dann holt es tief Luft und beginnt zu schreien. Ganz laut und so lange, bis die Mama den Kochlöffel zur Seite legt und das Baby in den Arm nimmt.

Da hört es endlich auf zu schreien. Aber kochen kann die Mama so natürlich nicht. „So geht das nicht!", sagt die Mama und streicht sich die Haare aus der Stirn.

„Wir brauchen den Papa. Ich rufe ihn an."
Mit dem Baby im Arm wählt sie Papas Nummer. Der Papa lässt seine Arbeit liegen und stehen und kommt nach Hause. Er nimmt das Baby und geht mit ihm durch die Wohnung.
Er läuft und hüpft und brummt und trötet. So hat Tobi den Papa schon lange nicht mehr gesehen.
Aber das Baby ist zufrieden, und die Mama kann fertig kochen.
Endlich stellt sie das Essen auf den Tisch: Kartoffeln, Spinat und Spiegeleier.
Der Papa setzt sich mit dem Baby an den Tisch.

Er nimmt sich Kartoffeln. Das Baby ist still. Er nimmt sich Spinat. Das Baby ist still. Er nimmt sich ein Spiegelei. Das Baby macht: „Äh." Und noch einmal: „Äh."
Es verzieht das Gesicht und strampelt mit den Beinen. Nach dem dritten „Äh" brüllt es los. Ganz laut. Und so, als würde es nie wieder aufhören. Der Papa seufzt tief. Dann steht er auf und macht weiter mit dem Durch-die-Wohnung-Laufen.
„Na so etwas", schnauft er, als er am Esstisch vorbeikommt. „Was sollen wir mit einem so unzufriedenen Baby nur machen?"
„Keine Ahnung", sagt die Mama. „Ich weiß es auch nicht."

Na bitte, denkt Tobi. Das hätten sie sich mal vorher überlegen sollen. Jetzt ist es nämlich zu spät. Jetzt sitzen wir in der Tinte, alle zusammen.

Gib Pfote, Pips!

Leicht ist es wirklich nicht mit diesem Baby. Den ganzen Tag will es herumgetragen werden. Entweder von Mama oder von Papa. Die beiden sind schon ganz erschöpft.
Und das Schlimmste ist: Das Baby will nicht nur am Tag, sondern auch in der Nacht herumgetragen werden!
Tobi wundert sich. Sollten Babys nicht viel mehr schlafen? Sechzehn Stunden am Tag oder so? Aber dieses Baby braucht anscheinend fast keinen Schlaf. Es schläft zehn Minuten und ist dann wieder für Stunden munter.
Mama und Papa hingegen sind gar nicht

munter. Sie sind
blass und müde und
schlecht gelaunt. Tina
ist auch schlecht
gelaunt. Sie hat sich
das mit dem Baby viel
lustiger vorgestellt.
„So kann es wirklich
nicht weitergehen“,
sagt die Mama.
„So kann es absolut
nicht weitergehen“, sagt der Papa.
Aber wie soll es dann weitergehen?,
denkt Tobi. Wie wird man so ein fürchterliches Baby wieder los?

Weil es so einfach nicht weitergehen kann, kommt Tante Gabi. Sie will der Mama helfen. Das ist wirklich nett von ihr. Besonders nett von ihr ist, dass sie Pips mitnimmt. So hat Tobi auch etwas davon! Während Tante Gabi also mit dem Baby durch die Wohnung geht, spielt Tobi mit Pips. Er spielt mit ihm Tauziehen. Die Hundeleine ist das Tau. Pips zieht an der einen Seite, Tobi an der anderen. Pips knurrt und tut so, als wäre er furchtbar gefährlich. Das sieht lustig aus, weil Pips so klein ist. Tobi knurrt auch, aber nur zum Spaß.
Dann kommt Tante Gabi von ihrem Rundgang zurück. Mit dem Baby im Arm.

Das Baby schaut nicht sehr zufrieden drein. Noch schreit es nicht. Aber es macht „Äh“ und stemmt seine Beine gegen Tante Gabis Arm. Das ist ein schlechtes Zeichen.

Tante Gabi setzt sich mit dem Baby aufs Sofa. Oje. Das ist keine gute Idee. Das Baby mag es gar nicht, wenn man sich hinsetzt!

„Äh“, macht das Baby und verzieht das Gesicht. „Äh.“

Na toll, denkt Tobi, gleich wird es wieder schreien. Doch das Baby schreit nicht. Denn gerade als es den Mund aufmachen möchte, entdeckt es Pips, der sich knurrend über die Leine stürzt. Mit großen Augen schaut das Baby Pips an. Wieder verzieht es das Gesicht, aber ein bisschen anders als sonst. Will es schreien? Nein, es schreit nicht. Was macht es dann? Tobi traut seinen Augen nicht.
Das Baby lächelt!
Das Baby lächelt Pips an, der es gar nicht merkt, weil er so sehr mit seiner Leine beschäftigt ist!
„Mama!“, schreit Tobi. „Komm sofort her!“
Die Mama stürzt ins Wohnzimmer.

„Was ist passiert?“, fragt sie.
Ihre Haare stehen ihr wirr vom Kopf ab, wie immer, wenn sie zu viel zu tun hat.
„Tanja hat gelächelt!“, ruft Tobi. „Sie hat Pips angelächelt.“
Die Mama kann es gar nicht glauben.
Aber Tobi ist sich ganz sicher: Das Baby hat gelächelt. Und er kann es auch beweisen! Tobi nimmt Pips die Leine aus dem Maul.
„Sitz, Pips!“, sagt er. Pips ist zwar nicht besonders gut erzogen, aber wenn er will, kann er auch folgen. Jetzt will er, weil er nämlich weiß, dass Tobi die Schachtel mit den Hundekeksen hat. Also setzt er sich hin und bekommt dafür ein Hundekeks.

Das Baby reißt die Augen auf.
„Gib Pfote, Pips!“, sagt Tobi.
Pips streckt Tobi zuerst die rechte und dann die linke Vorderpfote hin und bekommt dafür gleich zwei Hundekekse.
Das Baby wedelt aufgeregt mit den Armen.
„Mach Männchen, Pips!“, sagt Tobi.
Pips stellt sich auf die Hinterbeine. Und nicht nur das: Er kann sogar ein paar Schritte auf den Hinterbeinen gehen!
Natürlich bekommt er dafür wieder ein Hundekeks. Mit einem Haps schluckt er es hinunter.
Das Baby verzieht den Mund.
„Guruguru“, sagt es und lächelt breit.

Die Mama schüttelt ungläubig den Kopf.
„Na so etwas“, sagt sie. „Unsere kleine Tanja kann wirklich lächeln!“
Sie bekommt ganz glückliche Augen.
„Natürlich kann sie lächeln“, sagt Tante Gabi und zwinkert Tobi zu. „Wahrscheinlich hat sie bisher nur keinen Grund dazu gehabt.“

Die Mama runzelt die Stirn. „Wie meinst du das denn? Wir haben doch alles für sie getan!“

„Das schon“, sagt Tante Gabi. „Aber vielleicht lächelt sie ja nur für Hunde.“

„Sehr witzig“, sagt die Mama und schüttelt den Kopf. „Ein Hund fehlt mir gerade noch!“

„Umso besser“, sagt Tante Gabi. „Ich wollte sowieso mit dir reden. Nächste Woche fliege ich doch nach Schottland.“

„Ja, und?“ Die Mama blinzelt misstrauisch.

„Und Pips hätte eigentlich bei meiner Nachbarin bleiben sollen.“

„Aha.“ Mamas Gesicht wird noch ein Stück misstrauischer.

„Aber leider hat sich meine Nachbarin das Bein gebrochen.“

„Und jetzt möchtest du, dass wir deinen Hund zu uns nehmen?“ Die Mama schnauft entsetzt.

Tante Gabi lächelt. „Nur, wenn es euch wirklich recht ist. Und es ist auch nur für vier Wochen.“

„Vier Wochen?“, ruft die Mama. „Bist du verrückt geworden?“

Tobi räuspert sich. „Ich würde auch mit ihm spazieren gehen“, sagt er. „Und füttern würde ich ihn auch. Du hättest überhaupt keine Arbeit mit ihm.“

„Das kommt gar nicht in Frage“, sagt die Mama. „Tut mir leid, aber da musst du schon eine andere Lösung finden!“

Sie nimmt Tante Gabi das Baby aus der Hand und will aus dem Zimmer gehen. Aber sie ist noch gar nicht richtig draußen, da beginnt das Baby auch schon zu schreien, ganz laut.

Die Mama bleibt in der Tür stehen und dreht sich empört um.

Das Baby hört auf zu schreien.
„Guruguru“, sagt es und strahlt Pips an.
Mit einem ganz breiten Babylächeln.
„Das ist doch Zufall“, sagt die Mama
und schaut böse. Pips wedelt mit dem Schwanz. Das Baby gluckst vergnügt.
„Vielleicht“, sagt Tante Gabi. „Aber du würdest mir wirklich einen großen Gefallen tun!“
Die Mama sagt gar nichts. Sie schaut das Baby an und Pips und wieder das Baby. Beide sehen sehr zufrieden aus.
„Also gut“, sagt sie schließlich. „Aber höchstens vier Wochen!“
„Natürlich“, sagt Tante Gabi. „Allerhöchstens.“

„Jippie!“, ruft Tobi und springt auf. Endlich hat er einen Hund! Es ist zwar noch kein eigener, und es ist auch nur für vier Wochen, aber immerhin.

Und wenn die Mama sieht, wie verlässlich sich Tobi um Pips kümmert, kann sie gegen einen eigenen Hund auch nichts mehr sagen. Vor allem, wenn Tanja ihm ein bisschen dabei hilft.

Sie muss auch gar nicht viel tun.

Nur im richtigen Moment lächeln!

Oder eben schreien, je nachdem.

Tante Gabi blinzelt Tobi zu.

„Wie ist es eigentlich so, eine kleine Schwester zu haben?“, fragt sie.

Tobi blinzelt zurück.

„Am Anfang ist es anstrengend“, sagt er. „Aber dann gewöhnt man sich an sie. Und irgendwann – will man sie gar nicht mehr hergeben.“

Willst du es wissen??

Sach-Comic-Lese-Bücher aus der Reihe „Lesezug“

Alles über Ritter

- Weißt du, wie man einen Ritter auf sein Pferd befördert?
- Wird ein Ritter beim Ritterschlag tatsächlich geschlagen?
- Wie viel Kilo wog ein Kettenhemd?

Sir Balduin ist der tollpatschigste Ritter, den man sich vorstellen kann. Ständig stolpert er oder fällt vom Pferd. Nur gut, dass er seinen treuen Knappen Eddi an seiner Seite hat. Gemeinsam machen sich die beiden auf den Weg zu einem Ritterturnier. Dort wird nicht nur ihr Geschick auf eine harte Probe gestellt, denn der König ist in großer Gefahr ...

ISBN 978-3-7074-1232-1, ab 7/8 Jahren

Alles über Dinosaurier

- Wie groß war der kleinste Dinosaurier?
- Wie schwer war ein Tyrannosaurus Rex?
- Warum sind die Dinosaurier verschwunden?

Aus einem harmlosen Museumsbesuch wird für Peter und Fabian ein gefährliches Abenteuer. Sie finden sich plötzlich in der Welt der Dinosaurier wieder und treffen auf Rapos, den gefährlichsten aller Dinos, der alles frisst, was ihm über den Weg läuft. Wird Rapos die beiden verschonen, und wie werden sie wieder nach Hause kommen?

ISBN 978-3-7074-1182-9, ab 7/8 Jahren

Alles über Pferde

- Was ist ein Pliohippus?
- Wann bekommt eine Stute ihr erstes Fohlen?
- Welches Abzeichen kann ein Pferd haben?

Annas und Julias Traum geht in Erfüllung! Sie dürfen ihre Ferien auf dem Reiterhof verbringen! Anfangs entwickelt sich alles auch ganz toll. Die beiden Freundinnen dürfen sogar die trächtige Stute Wirbelwind versorgen. Nur Zicke Sarah macht ihnen das Leben schwer – so lange, bis die Mädchen hinter Sarahs Geheimnis kommen ...

ISBN 978-3-7074-1183-6, ab 7/8 Jahren

www.lesezug.at

Der G&G-Lesezug™

Alles über Prinzessinnen

- Gibt es Märchenprinzen?
- Mussten Prinzessinnen in die Schule gehen?
- Gibt es heute noch Prinzessinnen?

Prinzessin Nicoletta liebt Minze. Alles muss in Minzgrün sein und auch die Speisen sollen nach Minze schmecken. Nach den unterschiedlichsten Minzsorten, die es gibt. Nur der Prinz, der ihr eine neue Minzsorte bringen kann, kann auch ihr Herz erobern.

ISBN 978-3-7074-1220-8, ab 7/8 Jahren

Alles über Delfine

- Haben Delfine Kiemen?
- Wie werden die Brustflossen der Delfine genannt?
- Zu welcher Walart gehören Delfine?

Die Weltmeere werden immer mehr verschmutzt,
und auch die von den Menschen eingesetzten Sonargeräte schaden den Delfinen. Da muss man doch was unternehmen, finden zumindest Paula, Moritz, Max und Sophie. Die Lösung: Eine Delfinpatenschaft!
Doch woher das Geld dafür nehmen?

ISBN 978-3-7074-1282-6, ab 7/8 Jahren

Alles über das Weltall

- Wie weit ist die Erde von der Sonne entfernt?
- Wie viele Planeten hat unser Sonnensystem?
- Was ist die Milchstraße?

Weit, weit weg, in irgendeiner Galaxie, gibt es den Planeten Bombino. Dort lebt Binki. Er wäre gern größer. Heimlich setzt er sich über ein Verbot seines Onkels Plotz hinweg und gerät in ein großes Abenteuer ...

ISBN 978-3-7074-1283-3, ab 7/8 Jahren

Weitere Lesezug-Bücher finden Sie unter www.lesezug.at

ISBN 978-3-7074-0347-3
3. Klasse, ab 7/8 Jahren

ISBN 978-3-7074-0388-6
3. Klasse, ab 7/8 Jahren

ISBN 978-3-7074-0343-5
3. Klasse, ab 7/8 Jahren

ISBN 978-3-7074-0354-1
3. Klasse, ab 7/8 Jahren

ISBN 978-3-7074-0346-6
3. Klasse, ab 7/8 Jahren

ISBN 978-3-7074-0348-0
3. Klasse, ab 7/8 Jahren

ISBN 978-3-7074-1266-6
3. Klasse, ab 7/8 Jahren

ISBN 978-3-7074-0350-3
4. Klasse, ab 8/9 Jahren

ISBN 978-3-7074-1234-5

ISBN 978-3-7074-1366-3

ISBN 978-3-7074-1271-0

ISBN 978-3-7074-1288-8

ISBN 978-3-7074-1341-0

ISBN 978-3-7074-0359-6

ISBN 978-3-7074-1104-1

ISBN 978-3-7074-0332-9

ISBN 978-3-7074-0400-5

ISBN 978-3-7074-1163-8

ISBN 978-3-7074-0333-6

ISBN 978-3-7074-0170-7

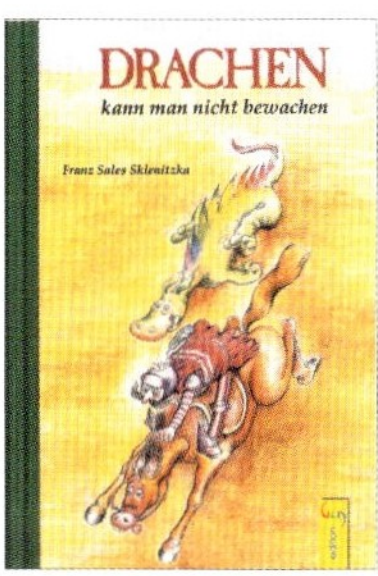

ISBN 978-3-7074-0169-1

ISBN 978-3-7074-0180-6

ISBN 978-3-7074-0396-1

ISBN 978-3-7074-1242-0